essentials

essentials liefern aktuelles Wissen in konzentrierter Form. Die Essenz dessen, worauf es als „State-of-the-Art" in der gegenwärtigen Fachdiskussion oder in der Praxis ankommt. *essentials* informieren schnell, unkompliziert und verständlich

- als Einführung in ein aktuelles Thema aus Ihrem Fachgebiet
- als Einstieg in ein für Sie noch unbekanntes Themenfeld
- als Einblick, um zum Thema mitreden zu können

Die Bücher in elektronischer und gedruckter Form bringen das Expertenwissen von Springer-Fachautoren kompakt zur Darstellung. Sie sind besonders für die Nutzung als eBook auf Tablet-PCs, eBook-Readern und Smartphones geeignet. *essentials:* Wissensbausteine aus den Wirtschafts-, Sozial- und Geisteswissenschaften, aus Technik und Naturwissenschaften sowie aus Medizin, Psychologie und Gesundheitsberufen. Von renommierten Autoren aller Springer-Verlagsmarken.

Weitere Bände in der Reihe http://www.springer.com/series/13088

Michaela Moser · Bettina Führmann

Kommunikation in altersgemischten Teams

Forschungsstand und -perspektiven

Michaela Moser
Europäische Fachhochschule
Brühl, Deutschland

Bettina Führmann
Europäische Fachhochschule
Brühl, Deutschland

IUBH Internationale Hochschule
Bad Honnef, Deutschland

ISSN 2197-6708   ISSN 2197-6716   (electronic)
essentials
ISBN 978-3-658-25770-5   ISBN 978-3-658-25771-2   (eBook)
https://doi.org/10.1007/978-3-658-25771-2

Die Deutsche Nationalbibliothek verzeichnet diese Publikation in der Deutschen Nationalbibliografie; detaillierte bibliografische Daten sind im Internet über http://dnb.d-nb.de abrufbar.

Springer Gabler ist ein Imprint der eingetragenen Gesellschaft Springer Fachmedien Wiesbaden GmbH und ist ein Teil von Springer Nature
Die Anschrift der Gesellschaft ist: Abraham-Lincoln-Str. 46, 65189 Wiesbaden, Germany

Was Sie in diesem *essential* finden können

- Bedeutung von Kommunikation in altersgemischten Teams.
- Aktuelle wissenschaftliche Erkenntnisse zur altersgemischten Kommunikation.
- Erste Rückschlüsse für die Kooperation in altersgemischten Teams.

Inhaltsverzeichnis

Einleitung 1

Altersgemischte Teamarbeit ist in deutschen Unternehmen mittlerweile ein fester Bestandteil innerorganisationaler Zusammenarbeit (siehe zum Beispiel DGFP 2016; Leber et al. 2013; Bruch et al. 2010, S. 182). Häufig wird sie als personalpolitisches Instrument eingesetzt, um den Herausforderungen des demografischen Wandels zu begegnen, der unternehmensseitig unter anderem eine Zunahme der Altersheterogenität in der Beschäftigtenstruktur bewirkt (Ries et al. 2010a, S. 117 f.). Ziel dieser teambasierten Zusammenarbeit zwischen Alt und Jung ist es, zum einen gegenseitige Vorurteile und vorherrschende Stereotype abzubauen, indem beispielsweise die Jüngeren von den Erfahrungen der älteren Kollegen profitieren und die Älteren Wertschätzung erfahren. Zum anderen kommt altersgemischte Teamarbeit zur Anwendung, um den Abfluss von (implizitem) Wissen zu vermeiden und Know-how im Unternehmen zu sichern. Dies beugt dem sog. Lost-Memory-Syndrom vor, wenn ältere Mitarbeiter das Unternehmen verlassen, etwa bei Eintritt in das Rentenalter. Des Weiteren werden in Produktionsbetrieben altersgemischte Teams oftmals eingesetzt, um Mitarbeiter[1] mit Tätigkeitseinschränkungen zu (re-)integrieren und eine altersgerechte Aufgabenteilung innerhalb der Gruppe zu erleichtern (Waskowsky 2012, S. 23, 65 f.).

Vermehrt wird in altersgemischter Teamarbeit aber auch ein Potenzial zur Steigerung der Innovativität in Unternehmen gesehen (Hüttermann 2013, S. 2). Dahinter steht die Annahme, dass jüngere und ältere Mitarbeiter über unterschiedliche Wissens- und Erfahrungshintergründe, Fähigkeiten und Perspektiven

---

[1]Aus Gründen der Lesbarkeit wird auf die gleichzeitige Verwendung weiblicher und männlicher Sprachformen verzichtet. Sämtliche Personenbezeichnungen gelten gleichermaßen für beiderlei Geschlecht.

© Springer Fachmedien Wiesbaden GmbH, ein Teil von Springer Nature 2019 1
M. Moser und B. Führmann, *Kommunikation in altersgemischten Teams*,
essentials, https://doi.org/10.1007/978-3-658-25771-2_1

verfügen, die sich gegenseitig ergänzen und deren Austausch und Kombination innovationsbezogene Synergieeffekte schafft (Hinsz et al. 1997, S. 44 f.; Webber und Donahue 2001, S. 144). So weisen ältere Teammitglieder beispielsweise aufgrund ihrer langen Betriebszugehörigkeit vor allem fachspezifische Kompetenzen und langjähriges Erfahrungswissen auf, während jüngere Teammitglieder in der Regel über aktuelleres Fach- und Methodenwissen verfügen (z. B. Pack et al. 2000; Mühlbradt und Schat 2009; Grossmann et al. 2012; Staudinger und Baltes 1996; Ries et al. 2010a, S. 119). Es wird davon ausgegangen, dass der Einsatz dieser Erfahrungs- und Wissensunterschiede den Informationsaustausch und die Informationsverarbeitung im Team stimuliert (Hinsz et al. 1997). Dies wiederum steigert die Kreativität, Ideenfindung und die Lösungsfähigkeit von Problemen und Fragestellungen in Gruppen (u. a. van Knippenberg und Schippers 2007; Unger 2010; Wiersema und Bantel 1992; Lazear 1999; Harrison und Klein 2007).

Wie empirische Studien zeigen, stellen sich diese Vorteile in altersgemischten Teams aber keineswegs automatisch ein (siehe dazu beispielsweise Jans 2004; Joshi und Roh 2009; McMahon 2010; Webber und Donahue 2001), sondern bedürfen der Kommunikation und des Informationsaustausches: *„Without communication, there can be no gains from diversity"* (Lazear 1998, S. 12; siehe auch Salmi und Torkkeli 2009; Lawson et al. 2009).

In altersgemischten Teams kann die Kommunikation jedoch durch die Diversität innerhalb des Teams negativ beeinflusst sein (z. B. Ancona und Caldwell 1992; Gebert et al. 2006; Plaßmann 2012, S. 17). So können beispielsweise Selbstkategorisierungsprozesse, die zur Spaltung der Gesamtgruppe in Untergruppen aufgrund des Alters führen, erhebliche Probleme in der Kommunikation und der sozialen Interaktion nach sich ziehen (u. a. Brodbeck 2004; Joshi und Roh 2009; Börsch-Supan et al. 2007). Aber auch stereotype Erwartungen und daraus resultierende Veränderungen im Kommunikationsverhalten können die Kommunikation zwischen den Teammitgliedern nachhaltig behindern (siehe z. B. Fiehler 2002; Thimm 2002).

Obgleich Kommunikation für eine erfolgreiche altersgemischte Teamarbeit essenziell ist und aufgrund der Heterogenität Kommunikationsprobleme zu erwarten sind, wird das wechselseitige Verhältnis von Altersheterogenität, Teamarbeit und Kommunikation weder in der aktuellen Forschung noch in der Unternehmenspraxis hinreichend berücksichtigt. Während vorliegende Arbeiten zum empirischen Zusammenhang von (Alters-) Diversität und Teamerfolg Kommunikationsprozesse nicht näher betrachten, wird die Kommunikation zwischen Alt und Jung bisher primär im Kontext älterer kranker Menschen (Sachweh 2003, 1999), sowie innerhalb der Familie erforscht (Mayer 2002; Fiehler und Thimm 2003; Schröer 2007). Bereits 1997 wies Fiehler zurecht darauf hin, dass es sich bei der außerfamiliären Kommunikation zwischen Generationen, insbesondere im Teamkontext, um ein „(…) *sträflich vernachlässigtes Feld der sprachwissenschaftlichen Forschung (…)*" (1997, S. 345) handelt.

Der vorliegende Beitrag greift dieses Desiderat auf und nimmt im Folgenden die Besonderheiten altersgemischter Kommunikation und ihre Implikationen für Teamarbeit in Organisationen in den Blick. Ziel ist es, ein tieferes Verständnis für kommunikative Prozesse in altersgemischten Teams zu gewinnen. Dazu werden die folgenden Fragen bearbeitet:

- Welche Bedeutung kommt Kommunikation in der altersgemischten Teamarbeit zu?
- Welches sind die aktuellen wissenschaftlichen Erkenntnisse zur altersgemischten Kommunikation?
- Welche Rückschlüsse lassen diese Erkenntnisse zu für die Kooperation in altersgemischten Teams?

Zur Beantwortung dieser Fragen werden nach angemessenen Begriffsklärungen (siehe Kap. 2) und einer kurzen Erläuterung zur Notwendigkeit des Informationsaustauschs für eine erfolgreiche Teamarbeit (siehe Kap. 3) in Kap. 4 Aussagen zur altersgemischten Kommunikation aus soziologischen und sozio-linguistischen Theorien hergeleitet und Lücken in der bestehenden Forschung identifiziert. Aufbauend auf dieser Zusammenfassung des aktuellen Forschungsstands stellt der abschließende, vierte Schritt Konsequenzen für die Teampraxis sowie Impulse für weitere Forschung in Aussicht.

Zentrale Begrifflichkeiten 2

2.1 Team

In der Literatur existiert eine Vielzahl von Definitionen zum Begriff des Teams, der teilweise eine Abgrenzung zu dem Begriff der Gruppe erfährt. Während die betriebswirtschaftliche und managementorientierte Literatur eher den Begriff des Teams verwendet, wird in der Organisationsforschung oftmals von Gruppen gesprochen (Henttonen 2010, S. 76). In der Gruppenforschungsliteratur werden die Begriffe häufig synonym verwendet (Ilgen et al. 2005; Kauffeld 2001, S. 16) und eine scharfe Trennung beider Begriffe vermieden (etwa Wegge 2004, S. 13 ff.; Antoni 1994, S. 19 ff.). Gleichwohl ist sich die herrschende, wissenschaftliche Meinung darüber einig, dass nicht zwangsläufig jede zusammenarbeitende Gruppe den Anforderungen eines Teams genügt und eine Differenzierung notwendig ist. So stellten Katzenbach/Smith richtigerweise fest, dass ein Team *„(…) nicht einfach irgendeine Gruppe von zusammenarbeitenden Personen"* ist (Katzenbach und Smith 1993, S. 40), sondern *„(…) eine kleine Gruppe von Personen, deren Fähigkeiten einander ergänzen und die sich für eine gemeinsame Sache, gemeinsame Leistungsziele und einen gemeinsamen Arbeitsansatz engagieren und gegenseitig zur Verantwortung ziehen"* (Katzenbach und Smith 1993, S. 70). Ähnlich definiert Thompson ein Team *„als eine Gruppe von Individuen, die wechselseitig voneinander abhängig und gemeinsam verantwortlich sind für das Erreichen spezifischer Ziele für ihre Organisation"* (Thompson 2017, S. 4).

Forster (1982) stellt in seiner Definition heraus, dass ein Team neben einer Aufgaben-, Prozess- und Ergebnis-Dimension eine soziale Komponente aufweist (Foster 1982). *„[Ein Team ist eine] Sonderform der Gruppenarbeit, die durch eine bewusste Intensivierung und Regelung der Gruppenprozesse eine zusätzliche Leistungssteigerung gegenüber der Gruppenarbeit und sonstigen Arbeitsgruppen*

© Springer Fachmedien Wiesbaden GmbH, ein Teil von Springer Nature 2019
M. Moser und B. Führmann, *Kommunikation in altersgemischten Teams,*
essentials, https://doi.org/10.1007/978-3-658-25771-2_2

bringen soll und der ein besonderer Gefühlsinhalt zu Grunde liegt" (Forster 1982, S. 17). Henttonen (2010) unterstreicht ebenfalls das soziale Moment von Teams: *„A work team thus compromises individuals who consider themselves and others a social entity. Furthermore, the individuals in the teams are interdependent on account of the tasks they carry out as a group, and they are embedded in one or several larger systems"* (Henttonen 2010, S. 76). Haug (2009, S. 13 ff.) fasst diesen sozialen Faktor von Teams als das *„Erleben einer Gemeinschaft Gleichgesinnter mit einer gefühlsmäßigen Verbundenheit"* auf. Andere Autoren wie z. B. Wunderer (2003, S. 147) weisen darüber hinaus auf die zeitliche Dimension hin, die ein Team haben kann: *„Teams werden oft für unterschiedliche Zwecke und Zielsetzungen mit unterschiedlicher zeitlicher Dauer zusammengestellt, wenn interdisziplinäre Zusammenarbeit für die Lösung einer komplexen Aufgabe gefordert ist."*

Teams sind demnach mehr als eine Arbeitsgruppe (Kauffeld 2001, S. 14 mit weiteren Nachweisen), sodass nicht jede Arbeitsgruppe ein Team ist, aber jedes Team eine Arbeitsgruppe (Kriz und Nöbauer 2008, S. 27). Ein Team zeichnet sich Bezug nehmend auf die obigen Definitionen zusammenfassend durch folgende Kriterien aus (nachfolgend vor allem Katzenbach und Smith 1993, S. 71 ff.):

- **Größe der Gruppe:** Teams haben mindestens zwei Mitglieder[1] (Dick und West 2013, S. 4). Die meisten effektiven Teams zählen weniger als 10 Personen. Dieser Wert ist als pragmatischer Richtwert aufzufassen. Kleine Teams können eher als Großgruppen auf ein kollektives Ziel hinarbeiten und gemeinsam die Ergebnisverantwortung übernehmen. In sehr großen Gruppen wird die Interaktion zwischen den Teammitgliedern geringer sein als in kleineren Gruppen. Einigungsprozesse dauern länger oder eine Einigung entfällt vollständig.
- **Einander ergänzende Fähigkeiten:** Teams sind gekennzeichnet durch komplementäre Fähigkeiten, die zur Aufgabenerfüllung notwendig sind. Diese Fähigkeiten umfassen etwa die fachliche oder funktionelle Sachkenntnis, die Fähigkeit zur Problemlösung und Entscheidungsfindung sowie den Umgang miteinander durch eine effektive Kommunikation und konstruktive Auseinandersetzungen. Die sinnvolle Kombination dieser Fähigkeiten schafft Synergien, sodass Teams mehr leisten als der Einzelne.

---

[1]Es gibt auch Definitionen, die von mindestens drei Personen ausgehen, da anderenfalls gruppendynamische Prozesse wie etwa Bildung von Koalitionen nicht zum Tragen kommen. So etwa Wahren 1994.

- **Gemeinsamer Zweck und gemeinsame Leistungsziele:** Teams haben einen gemeinsamen, sinnvollen Existenzweck, der das Handeln der Teammitglieder verbindet und die Richtung vorgibt. Die daraus abgeleiteten Leistungsziele des Teams hängen stets direkt mit den übergeordneten (Organisations-) Zielen zusammen (Kauffeld 2001, S. 11). Fällt der Existenzzweck weg, weil das angestrebte Problem gelöst oder das Projekt umgesetzt ist, wird das Team abgewickelt. Es ist zeitlich auf seinen Existenzweck begrenzt.
- **Gemeinsamer Arbeitsansatz:** Teams müssen die Art und Weise der Zusammenarbeit ihrer Mitglieder festlegen, um ihren Existenzzweck zu erreichen. Der gemeinsame Arbeitsansatz enthält sowohl eine wirtschaftlich-administrative Seite sowie eine sozial-kommunikative Komponente. Die wirtschaftlich-administrative Komponente der Teamarbeit betrifft etwa die Zuständigkeiten für bestimmte Tätigkeiten, die Festlegung und Einhaltung von Zeitplänen, den Prozess der Entscheidungsfindung. Die sozial-kommunikative Komponente betrachtet den Sozial- und Führungsaspekt.
- **Gemeinsame Verantwortung:** Eine Gruppe wird erst dann zum Team, wenn ihre Mitglieder die wechselseitige Verantwortlichkeit für die Teamziele und -ergebnisse anerkennen und einen gemeinsamen Willen zum Erfolg aufweisen (Dick und West 2013, S. 4). Neben der Verantwortung für besondere Aufgaben, trägt jedes Teammitglied daher auch eine Querschnittsverantwortung für das gesamte Team (Krüger 2008, S. 50; Vopel 1994, S. 94). Weil das Team als Ganzes verantwortlich ist für das Endergebnis seiner Arbeit, ist die Vernetzung der Teammitglieder eine zentrale Aufgabe (Dick und West 2013, S. 4).

2.2 (Alters-)Diversität

Diversität beschreibt allgemein die Verschiedenheit von Teammitgliedern bzw. den Grad, in dem sich die Individuen in einem Team voneinander unterscheiden (Tilebein und Stolarski 2008). Häufig wird sie gleichgesetzt mit Synonymen wie Heterogenität (heterogenity), Unterschiedlichkeit (dissimilarity), Divergenz (divergency) oder auch Streuung (dispersion) (Plaßmann 2012, S. 24). Eine einheitliche Taxonomie von Diversität existiert bisher nicht. Vielmehr lässt sich Heterogenität bzw. Homogenität zwischen Mitarbeitern an verschiedenen Merkmalen festmachen (Vedder 2003, S. 18; Sackmann et al. 2001, S. 403–404). Dazu zählen:

- demografische Merkmale wie Alter, Geschlecht und kultureller Hintergrund,
- organisationale Merkmale wie Dauer der Zugehörigkeit zum Unternehmen, hierarchische Position oder funktionale Einordnung,

- Merkmale der individuellen Expertise und Qualifikation wie Ausbildung und funktionaler Hintergrund,
- kognitive Merkmale wie Werte, Persönlichkeit, Fähigkeiten, Wissen und Einstellungen (Jans 2006, S. 10).[2]

Im Kontext altersgemischter Teamarbeit wird der Fokus auf das demografische Diversitätsmerkmal Alter gelegt. In der Teamforschung bezeichnet Altersdiversität demnach die Heterogenität einer Gruppe oder eines Teams in Bezug auf das Alter der einzelnen Gruppenmitglieder (Kunze 2018, S. 9). Dabei ist die Frage zentral, wie Alter zu operationalisieren ist (Schalk et al. 2010, S. 78 ff., zitiert nach Waskowsky 2012, S. 62). Eine Konkretisierung der Altersabgrenzung, ab wann ein Team als altersgemischt zu bezeichnen ist, gibt es in der Literatur nicht. Der Gesetzgeber sieht ebenso keine gesetzliche Bestimmung vor, die Alter definiert und selbst die Wissenschaft zieht verschiedene Ansätze heran, um Alter zu konzeptualisieren und operationalisieren (Schalk et al. 2010, S. 78 ff. nach Waskowsky 2012, S. 62). Nach De Lange et al. (2006) lassen sich fünf Definitionen unterscheiden (zu den Erläuterungen im Einzelnen Weichel 2012, S. 13 f.; Drabe 2015, S. 22 mit weiteren Nachweisen):

- **Chronologisches Alter:** Dieser Definitionsansatz gibt das kalendarische Alter einer Person wieder. Das Alter wird auf Basis des urkundlich festgehaltenen Geburtsdatums einer Person bestimmt als Anzahl der vollendeten Lebensjahre seit Geburt. Es ist als neutrale, statistische Größe zu betrachten.
- **Funktionales Alter:** Dieser Begriff fokussiert den Leistungsaspekt des Alters und betrachtet den Alterungsprozess unter Bezugnahme auf physiologische bzw. kognitive Fähigkeiten und die Erfüllung gestellter Anforderungen. Dabei wird angenommen, dass sich insbesondere biologische Veränderungen auf den Gesundheitszustand und die Leistungsfähigkeit einer Person auswirken. Dieses Alterskonzept wird vor allem im sog. Defizit-Modell zugrunde gelegt. Es

---

[2]Diese Diversität hervorrufenden Eigenschaften werden häufig in zwei Kategorien unterteilt: leicht wahrnehmbare, sichtbare (sog. saliente) Merkmale (wie zum Beispiel die demografischen Merkmale Alter, Nationalität oder Geschlecht) und weniger sichtbare, tiefer liegende Merkmale (wie beispielsweise die kognitiven Diversitätsdimensionen Kultur, Fähigkeiten/Wissen, fachlicher Hintergrund, Funktion, Betriebszugehörigkeit, Hierarchie, Leistungsniveau) (Kreidler und Tilebein 2011, S. 396 f.). Eine weitere Einteilung von Diversitätsdimensionen bietet Pelled (1996), die zwischen niedriger und hoher Arbeitsbezogenheit einerseits sowie guter und weniger guter Sichtbarkeit andererseits unterscheidet.

geht mit zunehmendem Alter von irreversiblen Leistungseinschränkungen und -einbußen aus, die sich in einer verminderten Arbeitsproduktivität Älterer zeigen (Wegge und Schmidt 2015, S. 27).

- Das **psycho-soziale Alter** zielt ab auf die Selbst- und Fremdwahrnehmung von Personen. Die Entscheidung, ab wann jemand als jung oder alt gilt, wird getroffen auf Grundlage der individuellen eigenen Wahrnehmung bzw. der Wahrnehmung Anderer. Sie basiert unter anderem auf Vergleichsprozessen und Stereotypen und ist geprägt durch gesellschaftliche Einstellungen, Erwartungen und Normen. Das psycho-soziale Alter kann dazu führen, dass eine Person von einer zweiten Person als alt wahrgenommen werden kann, während sie sich selbst als jung bezeichnen würde. Dieselbe Person kann möglicherweise von einer dritten Person ebenfalls als jung eingestuft werden.
- Der Ansatz des **organisationalen Alters** fußt auf dem Dienstalter, also der Betriebszugehörigkeit eines Mitarbeiters zu einem Unternehmen. Es umfasst weiterhin die Dauer einer Tätigkeit in einer bestimmten Position oder einer Karrierestufe.
- **Lebensspannen-Alter:** Dieses Alterskonzept unterteilt Alter in Lebensabschnitte, innerhalb derer gravierende Veränderungsprozesse bei einer Person stattfinden.

Ungeachtet der Vielfalt wissenschaftlicher Ansätze zur Definition des Begriffs Alter greifen empirische Untersuchungen im Organisationskontext fast ausschließlich auf das kalendarische Alter zurück (Bieling 2011, S. 12; Kooij et al. 2011, S. 199). Dies ist vor allem in der einfachen Handhabung des Begriffs begründet (Drabe 2015, S. 23). Zudem wird in der betrieblichen, personalwirtschaftlichen Praxis in der Regel das chronologische Alter als Indikator zur Kategorisierung einer Person als älterer oder jüngerer Mitarbeiter herangezogen (Stamov-Roßnagel und Hertel 2010, S. 895; zitiert nach Drabe 2015, S. 23). Weiterhin kommt das chronologische Alter in sozialen Regelungen der Unternehmenspraxis zur Anwendung, etwa zur Festlegung des Renteneintrittsalters. Zudem wurde eine hohe Korrelation zwischen dem kalendarischen Alter und den übrigen Alterskonzepten nachgewiesen, sodass von geringen Unterschieden auszugehen ist (Kooj et al. 2008, S. 366; Stamov-Roßnagel und Hertel 2010, S. 895; zitiert nach Drabe 2015, S. 23). Das chronologische Alterskonzept wird daher häufig der Definition altersgemischter Teams und den weiteren Ausführungen zugrunde gelegt.

Als alt gilt eine Person vielfach dann, wenn sie sich in einem Alter zwischen 45 und 55 Jahren befindet (Initiative neue Qualität der Arbeit 2015, S. 4). Die OECD bestimmt die Grenze bei 40 Jahren (Nienhüser 2002, S. 65). Allerdings dürften die Grenzen je nach Arbeitsfeld, hierarchischer Position und Altersstruktur des Unternehmens und der Branche variieren. So liegt etwa in Softwareunternehmen die Trennungslinie zwischen jungen und älteren Mitarbeitern bei 35 bis 40 Jahren und bei Führungskräften zwischen 50 bis 55 Jahren (Buck 2002, S. 73, FN1).

Diese unterschiedlichen Interpretationen des Merkmals „Alter" in Abhängigkeit von Branche und Unternehmenskontext macht deutlich, dass im Umgang mit Altersdiversität jedes Unternehmen individuell definieren muss, wann Beschäftigte als „alt" oder „jung" gelten. Infolgedessen wird im Weiteren zur Beschreibung der Alters-Heterogenität von Teams eine allgemein gültige Definition zugrunde gelegt:

> Altersgemischte Teams (…) sind dauerhaft oder befristet zusammenarbeitende Arbeitsgruppen, die systematisch zusammengesetzt oder zufällig entstanden sind und in denen die Teammitglieder unterschiedlicher Altersklassen und Generationen zuzuordnen sind (DGFP 2016, S. 23).

Das Merkmal der Gruppenzusammensetzung ist in Bezug auf Alter und Generationszugehörigkeit demnach heterogen (ungleich), sodass altersgemischte Teams sich durch die Zusammenarbeit von Menschen unterschiedlicher Altersgruppen auszeichnen.

2.3　Kommunikation

Der Begriff der Kommunikation ist Gegenstand unterschiedlicher Fachdisziplinen, die ihn nicht einheitlich definieren. Bereits 1970 fand Dance bei der Sichtung der einschlägigen Literatur 95 unterschiedliche Kommunikationsdefinitionen und diese Zahl dürfte seitdem weiter gestiegen sein (Mayer 2001, S. 34). Erwartungsgemäß existiert auch im Teamkontext keine allgemein anerkannte Definition für den Begriff der interpersonellen Kommunikation.[3]

In der Betriebswirtschaftslehre wird Kommunikation häufig im Sinne des nachrichtentechnischen Ansatzes von Shannon und Weaver (1949) verstanden als Prozess der Übermittlung von Informationen zwischen zwei Seiten, dem Sender und dem Empfänger (sog. Transfer-Modell). Informationen sind „(…) zweckorientiertes Wissen, also solches Wissen, das zur Erreichung eines Zweckes, nämlich einer

---

[3]Daneben existiert der Begriff der intrapersonellen Kommunikation, die innerhalb einer Person als sogenannte Selbstkommunikation abläuft. Sie ist nicht Untersuchungsgegenstand und wird im weiteren Verlauf ausgeklammert.

möglichst vollkommenen Disposition eingesetzt wird" (Wittmann 1959, S. 14). Kommunikation wird daher in diesem Kontext häufig als Informationsaustausch bezeichnet (Nerdinger 2003, S. 143 mit weiteren Nachweisen; Watzlawick et al. 2000, S. 30). Im Rahmen dieses Austauschs wird eine innere Repräsentation mithilfe eines Codes (Sprache) verschlüsselt und an den Empfänger geleitet, der sie wiederum entschlüsselt und darauf reagiert. Schwerpunkte der Kommunikationsarbeit liegen in dem Verständnis der Verschlüsselung, Übertragung und Entschlüsselung einer Nachricht und der Frage, wie eine Nachricht optimal (möglichst ohne Störung) übermittelt werden kann. Dabei werden Kontextbedingungen und -einflüsse nicht berücksichtigt und Kommunikation vor allem als Instrument der Kontrolle aufgefasst (Menz o. J., S. 138). Das Modell führt typische Störungen auf eine fehlerhafte Informationsübermittlung zurück und kennzeichnet sie als Über- oder Unterinformation, Verzerrung der Mitteilung, Störung des Kanals oder Mehrdeutigkeiten. Misslingende Kommunikation resultiert aus einem Abbruch der Interaktion und Schwierigkeiten werden als Hürden gesehen, die es zu überwinden gilt (ebenda).

Eine zweite Perspektive, zu der u. a. ethnomethodologisch orientierte Forschungsrichtungen wie die Konversationsanalyse gehören, betrachtet Kommunikation als interaktiv und empfängerorientiert und konzipiert Kommunikation als gemeinsame Konstruktion und Aushandlung von Sachverhalten und sozialer Wirklichkeit durch die Interaktionspartner. In diesem Verständnis wird Wirklichkeit nicht durch Kommunikation abgebildet und übertragen, sondern erst in der Interaktion konstituiert *(„co-construction of meaning")* (Menz o. J., S. 140). Für das Gelingen von Kommunikation zwischen Akteuren unterschiedlicher Altersgruppen bilden Verstehen als auch Verständlichkeit von und mittels Sprache wichtige Grundlagen (Thimm 2002, S. 177). Fiehler sieht Kommunikation daher als *„unerlässliches (wechselseitiges) Bemühen um eine stetig gefährdete Verständigung"* (Fiehler 2002, S. 8). *„Nicht das Hinüberschicken [der Botschaft] ist das Wesentliche der Kommunikation, sondern die Herausverlagerung in den kommunikativen Raum, gleichsam das „Vor-sich-hin-in-die-Mitte-Setzen", welches das bisherige Geschehen verändert. Gleichzeitig wird dadurch der eigene Beitrag auch den anderen zur Bearbeitung zur Verfügung gestellt"* (Brinker und Sager 2010, S. 122). Damit ist der Empfänger einer Botschaft nicht passiv, wie im Transfer-Modell, sondern an der Herstellung des Sinns der Botschaft aktiv beteiligt (Brinker und Sager 2010, S. 123). Nach Fiehler (2002, S. 12) können in dem

Prozess wechselseitiger Wirklichkeitskonstruktion drei Ursachen für Missverständnisse ausgemacht werden:

- kommunikativ-sprachliche Aspekte,
- unterschiedliche Erwartungen und unterschiedliches Wissen,
- Unterschiede in Anschauung, Werten und Interessen.

Zusammenfassend ist anzunehmen, dass es gerade in altersgemischten Teams nicht ausnahmslos um Informationsaufnahme und -weitergabe geht, sondern auch um Verständigung und Verstehen innerhalb des Teams und Kommunikation beide Komponenten beinhaltet.

Gelingende Kommunikation als notwendige Bedingung erfolgreicher Teamarbeit

3

Die besondere Bedeutung gelingender Kommunikationsprozesse für den Team-erfolg wird in zahlreichen Studien zur Teamforschung (March und Simon 1958; Katz und Allen 1982; Keller 2001; Högl und Gemünden 2001), aber auch in der betriebswirtschaftlichen Literatur zur Teamarbeit betont. So stellt etwa Hackert fest, dass *„das Erfolgspotenzial betrieblicher Gruppenarbeit [...] in der Koordination und Vernetzung individueller Einzelbeiträge [liegt] und [...] sich vor allem auf direkte und intensive Kommunikationsleistungen [stützt]“* (Hackert 1999, S. 89). Autoren wie Schäffner und Heyse (2005) ziehen ihrer Definition von Team sogar eine Kooperation förderliche Kommunikation als unabdingbares Kriterium hinzu (Schäffner und Heyse 2005, S. 8).

Auch die Innovationsforschung verweist auf die Relevanz von Kommunikation. Gassmann und Sutter stellen zum Beispiel fest: *„ohne Kommunikation gibt es keine Innovationen“* (Gassmann und Sutter 2008, S. 12) und auch Zerfaß ist der Auffassung, dass Kommunikation einen grundlegenden Faktor von Innovation darstellt (Zerfaß 2009, S. 23). Begründet wird diese Annahme unter anderem damit, dass Innovationen auf einer Wissenskreation und Wissensintegration basieren und eine intensive Kommunikation die Transformation des individuellen Wissens einzelner Teammitglieder in Teamwissen erleichtert (Plaßmann 2012).

Mittels Kommunikation können zudem Konflikte und unvereinbare Divergenzen im Team reduziert oder vermieden werden, indem die unterschiedlichen Sichtweisen und Zielsetzungen der einzelnen Teammitglieder sowie ihre Hintergründe transparent gemacht und Win-win-Lösungen geschaffen werden (Plaßmann 2012, S. 75). Intensive Kommunikation innerhalb der Gruppe kann zur Entwicklung einer „gemeinsamen Sprache“ als Grundlage des Sich-Verstehens und der Verständigung beitragen und dadurch die gemeinsame Aufgabenbewältigung und Problemlösung fördern (Böhm 2006; March 1991). Eine weitere wichtige Funktion von Kommunikation in Teams ist es, ein gemeinsames Verständnis der Situation und der

© Springer Fachmedien Wiesbaden GmbH, ein Teil von Springer Nature 2019   13
M. Moser und B. Führmann, *Kommunikation in altersgemischten Teams,*
essentials, https://doi.org/10.1007/978-3-658-25771-2_3

Probleme zu entwickeln (Hofinger 2008). Diese so genannten „gemeinsamen" oder „geteilten mentalen Modelle" werden in der Literatur definiert als *„knowledge structure held by members of a team that enable them to form accurate explanations and expectations for the task, and in turn, to coordinate their actions and adapt their behavior to demands of the task and other team members"* (Cannon-Browers et al. 1993, S. 228). Gemeinsame oder geteilte mentale Modelle sind wichtig bezüglich der Aufgabe, des Teamverständnisses, der zur Verfügung stehenden Ressourcen und der Rahmenbedingungen des Handelns (Hofinger 2009, S. 196). Ihnen wird eine positive Wirkung auf die Teamperformance unterstellt.

Ohne profunde Kommunikation ist der für eine erfolgreiche Zusammenarbeit im Team wichtige Aufbau gemeinsamer mentaler Modelle und die Entwicklung einer gemeinsamen Sprache kaum möglich. Heterogene Wissensbestände, die in altersgemischten Teams insbesondere auf einer demografischen Diversität basieren, können folglich nur dann vorteilhaft genutzt werden, wenn die Teammitglieder ausreichend und konstruktiv miteinander kommunizieren.

Einfluss von Altersdiversität auf Kommunikation

4

4.1 Verringerte Kommunikation durch Bildung von Sub-Gruppen – Soziologische Perspektive

Empirische Studien zeigen, dass die Kommunikation im Team durch demografische Diversität gestört sein kann (Zenger und Lawrence 1989, S. 354). Eine mögliche Erklärung für diesen Befund liefern die Theorie der Ähnlichkeits-Attraktionstheorie (Byrne 1971) und die Theorie der sozialen Kategorisierung (Tajfel 1981, 1982; Tajfel und Turner 1986; Turner und Hogg 1987). Diese Ansätze gehen davon aus, dass Diversität auf Basis unterschiedlicher Wirkmechanismen die Interaktionsprozesse in Gruppen und Organisationen und deren Leistungsergebnisse beeinflusst.

Die Ähnlichkeits-Attraktionstheorie, welche insbesondere auf die Arbeiten von Byrne (1961, 1971) zurückgeht, stützt sich auf die Annahme, dass Menschen gerne mit anderen zusammenarbeiten, wenn sie sie hinsichtlich ihrer Einstellungen, Werte, Lebenserfahrungen und demografischen Variablen als ähnlich wahrnehmen (Williams und O'Reilly 1998, S. 85) und die Interaktion mit ihnen als leichter und erstrebenswerter empfinden (Waskowsky 2012, S. 70). Entsprechend unterstellt diese Theorie innerhalb homogener Gruppen einen stärkeren Zusammenhalt und eine effektivere Kommunikation als bei heterogenen Gruppen (Wegge et al. 2008). Im Umkehrschluss sind in heterogenen Teams negative Konsequenzen für die Kommunikation und Kooperation im Team zu erwarten (Williams und O'Reilly 1998, S. 86). Infolgedessen lässt sich aus dieser Theorie ableiten, dass altershomogene Gruppen über vergleichsweise günstigere Leistungsvoraussetzungen verfügen und effektiver interagieren als heterogene Teams, weil Ausgrenzungstendenzen „der anderen" vermieden werden und positive Effekte altersgemischter Zusammenarbeit entstehen.

© Springer Fachmedien Wiesbaden GmbH, ein Teil von Springer Nature 2019
M. Moser und B. Führmann, *Kommunikation in altersgemischten Teams,*
essentials, https://doi.org/10.1007/978-3-658-25771-2_4

Zu demselben Ergebnis gelangt die Theorie der sozialen Identität und Kategorisierung (Tajfel und Turner 1986). Sie fußt auf der Annahme, dass jedes Individuum nach einem möglichst hohen Grad an Selbstwertgefühl strebt, das sich aus der Zugehörigkeit zu einer als positiv für das eigene Selbstwertgefühl angenommenen Gruppe ergibt (Roth et al. 2007, S. 107). Je erstrebenswerter die Zugehörigkeit zu dieser Gruppe empfunden wird, umso höher ist das Selbstwertgefühl aus dieser Mitgliedschaft. Diese Einordnung ergibt sich aus einem sozialen Vergleichsprozess mit anderen Personen oder Gruppen (Williams und O'Reilly 1998, S. 83). Diesem Vergleich geht ein Selbstkategorisierungsprozess voraus, indem saliente Charakteristika wie etwa Alter, Geschlecht oder Herkunft bzw. weniger saliente Charakteristika wie organisationale Zugehörigkeit, Status oder Religion als soziale Kategorien verwendet werden zur Einordnung der eigenen Identität (Tajfel und Turner 1986). Diese Selbstkategorisierung und der Kategorienvergleich erfolgen innerhalb einer Gruppe, der man angehört oder angehören möchte, aber auch im Intergruppen-Vergleich. Ergibt dieser Vergleich eine Andersartigkeit, wird sie als Defizit betrachtet (Loden und Rosener 1991, S. 28 ff.). Die Theorie der sozialen Identität als auch die Selbstwertkategorisierungstheorie, die aus ersterer entstanden ist, „teilt die Welt in „wir" und „sie" ein" (Morf und Koole 2014, S. 150). Das Team wird als Einheit betrachtet und eine Beschädigung der Einheit von außen betrifft gleichermaßen jedes einzelne Gruppenmitglied. Um das eigene Selbstwertgefühl aufrecht zu erhalten, entstehen Tendenzen zur positiven Abgrenzung der eigenen Gruppe („wir" = ingroup) gegenüber anderen sowie zur Diskriminierung der Fremdgruppenmitglieder („die anderen" = outgroup) (Wegge et al. 2008, S. 34). Durch ingroup/outgroup-Kategorisierungsprozesse wird nicht nur das Individuum betrachtet, sondern auch seine soziale Zugehörigkeit zu einer (Alters-)Gruppe (Thimm et al. 1996, S. 7).

Eine derartige Kategorisierung und Abgrenzung von Personengruppen basiert unter anderem auf (Alters-)Stereotypen. Nach Hamilton und Sherman (1994) sind solche Altersstereotypen – auch „Altersbilder"[1] genannt – Annahmen und Erwartungen über Mitarbeiter basierend auf deren Alter (Posthuma und Campion 2009, S. 160). Altersbilder können als individuelle (persönliche) oder kollektive

---

[1]Altersbilder sind von Vorurteilen abzugrenzen. Vorurteile gegenüber der Kategorie Alter sind durch die affektiven Reaktionen geprägt, die aus der Verknüpfung der sozialen Kategorie mit den charakterisierenden, negativen Attributen resultieren (Filip und Mayer 1999, S. 56). Altersbilder und -stereotype umfassen eher kognitive Bestandteile. Im Gegensatz zu Vorurteilen können sie positiver und negativer Natur sein.

(gesellschaftliche geteilte) *„Vorstellungen über alte Menschen, das Altwerden und das Altsein beschrieben werden"* (Mayer 2009, S. 114), *„die mit Meinungen über spezifische Eigenschaften älterer Menschen sowie altersbezogene Veränderungen verbunden sind"* (Woratschek 2012, S. 91). Altersbilder können grundsätzlich sowohl positiv als auch negativ sein, wobei in der Regel die Zuschreibung von Negativeigenschaften überwiegt (Thimm 2000, S. 103). Negative Altersstereotype sind Bestandteil des Defizit-Modells, das auf negativen Vorstellungen über ältere Mitarbeiter, vor allem auf der Annahme eingeschränkter Flexibilität (Binnewies et al. 2008, S. 442; Maier 1998, S. 195; Levin 1988) sowie Kreativität und Motivation (Levin 1988) basiert. Im Gegensatz zu ihren jüngeren Kollegen werden ältere Beschäftigte generell als weniger veränderungsbereit bzw. als weniger offen gegenüber Neuerungen eingeschätzt, sie gelten in der Regel als risikoavers und als weniger geeignet, betriebliche Innovationsprozesse anzustoßen (Stettes 2009).

Geht man davon aus, dass Begegnungen zwischen Alt und Jung als ingroup-outgroup-Situation zu interpretieren sind, kann unterstellt werden, dass altersgemischte Begegnungen zu Verständigungs- bzw. Kommunikationsproblemen führen können (Mummendey 1985). In der intergenerationellen Kommunikation zwischen Alt und Jung können Kommunikationsprobleme dadurch entstehen, dass die Begegnung als solche zwischen Angehörigen verschiedener Gruppen konstruiert wird und man sich von der anderen Gruppe – der Alten – abgrenzen will und muss, um sich der Gruppe der Jungen zugehörig zu fühlen. Der sozialen Kategorisierungs-Perspektive zufolge besteht in altersgemischten Teams die Gefahr, dass durch Kategorisierungsprozesse infolge von Altersstereotypen Subgruppen („Jung" und „Alt") entstehen, welche die altersgemischte Teamarbeit und Kommunikation erschweren (Wegge 2003; Brodbeck 2004), weil sie die Wahrscheinlichkeit emotionaler Konflikte erhöhen und schädlich für die Performanz sind (Waskowsky 2012, S. 71; Börsch-Supan et al. 2007, S. 83; Williams und O'Reilly 1998).

Die Ähnlichkeits-Attraktionstheorie und die Theorien der sozialen Identität und Kategorisierung lassen also erwarten, dass altersgemischte Arbeitsgruppen über weniger günstige Kommunikations- und Leistungsvoraussetzungen verfügen als altershomogene Gruppen. Die Annahme hinsichtlich der Korrelation von Kommunikation und Altersheterogenität besteht in der Vermutung, dass Menschen lieber und besser mit anderen kommunizieren, die ihnen ähnlich sind (Zanger und Lawrence 1989). Die Begründung liegt in der Unterschiedlichkeit der Berufserfahrung und der Ausbildung, die in Sprachunterschieden münden (Zanger und Lawrence 1989, S. 356). Eine gemeinsame Altersklasse spricht für einen gemeinsamen arbeitsbezogenen und außerhalb des Jobs liegenden (historisch bedingten) Erfahrungs- und Erlebnishintergrund *„and shared experiences create language compatibilities"* (Zanger und Lawrence 1989, S. 356). Nach March und Simon (Organizations, 1958, S. 167) kommunizieren Personen gleicher Altersklasse häufiger als andere mit unterschiedlichen Altersmerkmalen, *„because common attitudes, interests and beliefs produce a common language".* In der Folge bliebe der in Kap. 3 beschriebene, für den Teamerfolg unabdingbare Informationsaustausch sowie Verständigung aus.

4.2 Beeinträchtigte Kommunikation durch kategoriale Behandlung, kommunikative Präjudiz und patronisierendes Sprechen – Sozio-Linguistische Perspektive

Die sozio-linguistische Forschung befasst sich aufbauend auf der soziologischen Perspektive u. a. mit der Frage, welche Auswirkungen Alter auf Sprache und Kommunikation hat und geht davon aus, dass *„Altersbilder und Altersstereotype einen keinesfalls zu vernachlässigenden Einflussfaktor auf sprachliche Kommunikation zwischen Alt und Jung darstellen"* (Thimm 2000, S. 39) und das Interaktionsverhalten zwischen älteren und jüngeren Personen beeinflussen (Hummert und Sachweh 2005; Kruse und Thimm 1997, S. 115).

Die Auswirkungen der Altersbilder auf das kommunikative Verhalten in der intergenerationellen Kommunikation haben Ryan et al. (1986) in dem communication predicament model formuliert. Dieses Modell basiert auf der Theorie der kommunikativen Anpassung („Communication Accommodation Theory") und früheren Modellen negativen Feedbacks (Ryan und Kwong See 2003, S. 62). Abgeleitet aus der sog. Speech Accommodation Theory (SAT) nach Giles und Coupland (1991) wurde die Communication Accommodation Theory (CAT) ursprünglich auf der Basis der Theorie der sozialen Identität entwickelt, *„um Prozesse gegenseitiger sprachlicher Anpassung zwischen Personen zu erklären, die unterschiedlichen sozialen Altersgruppen angehören"* (Filip und Mayer 1999, S. 135). Die Theorie ist ein weitreichendes Rahmenwerk zur Vorhersage und Erklärung stereotypgeleiteter Anpassungsprozesse im Sprachverhalten (sog. Akkommodation), um soziale Distanz zwischen unterschiedlichen Altersgruppen zu überwinden, aufrechtzuerhalten oder im Gespräch entstehen zu lassen (Giles und Ogay 2007, S. 293). Die Theorie der kommunikativen Anpassung besagt, dass die Gesprächspartner ihr verbales, nonverbales sowie para-verbales Verhalten an unterschiedliche Partner angleichen und partnerorientiert modifizieren, um eine größtmögliche Effektivität des verbalen Austausches zu erreichen. Die Theorie unterscheidet dabei zwei sprachliche Anpassungsrichtungen:

a) Konvergenz
b) Divergenz

Auf der Motivationsbasis einer Kosten/Nutzen-Relation können sich die Gesprächspartner bei positiver Wertschätzung (Sympathie) sprachlich annähern (sog. Konvergenz) und in ihrem verbalen, nonverbalen und paraverbalen Verhalten aufeinander einstellen, um die Beziehungsebene positiv zu gestalten und Gemeinsamkeiten zu betonen. Es ist davon auszugehen, dass sich ein Sprecher dem Zuhörer anpassen wird, wenn er seine Zustimmung, Respekt und soziale Anerkennung sucht oder das gemeinsame Verstehen erleichtern möchte, um die Effektivität der Kommunikation zu erhöhen und Unsicherheit sowie Ängste zu verringern (Giles und Ogay 2007, S. 296; Gallois et al. 2005, S. 125 f.; Gudykunst 1995; Giles 1982, S. 255). Man betont mit konvergenter Kommunikation die Sympathie und Ähnlichkeit zum Gesprächspartner (siehe Abschn. 4.1). Sprachkonvergenz kann bei dem Kommunikationspartner zu dem Eindruck einer gesteigerten Attraktivität führen (Giles 1982, S. 255). Als gebräuchliche Konvergenzarten gelten Aussprache, Sprechrate und -geschwindigkeit, thematische Orientierung, Länge von Pausen und Äußerungen, Stimmintensität, Intimität der ausgetauschten persönlichen Informationen, Scherze oder nonverbales Verhalten bis hin zum verwendeten Akzent (Giles und Powesland 1975; Giles et al. 1991). Vom Rezipienten wird konvergierendes Verhalten häufig als positiv bewertet, weil sie in ihrer Kommunikation als sehr effizient und kooperativ wahrgenommen werden (Giles und Ogay 2007, S. 297).

Neben der konvergierenden Akkommodation sind aber auch Situationen denkbar, in denen der Sprecher – in der Regel auf der Basis einer Gruppenmitgliedschaft – einen größeren Abstand zum Zuhörer schaffen möchte. Dies wird als divergierende Akkommodation bezeichnet. Man demonstriert seine Unterschiedlichkeit und grenzt sich durch divergierende Kommunikation vom Gesprächspartner ab, indem man durch sprachliche Strategien den Abstand zueinander vergrößert (sog. Divergenz). Von dem Rezipienten wird divergierendes Verhalten häufig als beleidigend, unhöflich und feindlich aufgenommen (Giles et al. 1991, S. 28). Die Frage nach dem sozialen Gewinn und der Anerkennung durch den Rezipienten gilt als Ausgangsbasis der Theorie (Thimm et al. 1996, S. 8 f.).

In Abhängigkeit von dem Verhalten des Sprechers und des Zuhörers sowie der Richtung der Akkommodation sind also unterschiedliche Gesprächssituationen denkbar, welche Doetjes 2010 anschaulich dargestellt hat (siehe Abb. 4.1, 4.2 und 4.3).

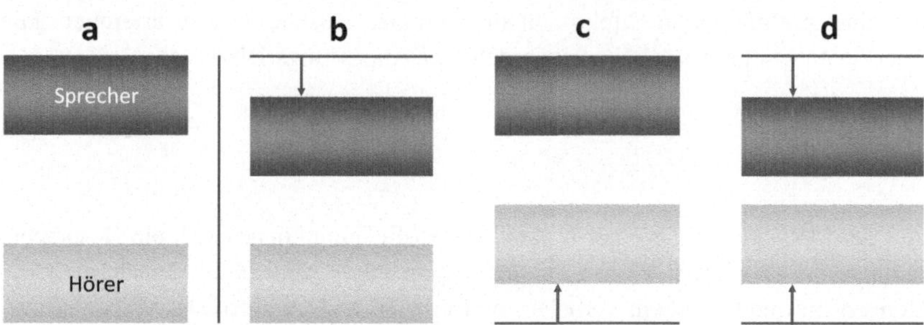

Abb. 4.1 Konvergierende Akkommodation. **a**) Ausgangssituation; **b**) nur der Sprecher akkommodiert; **c**) nur der Hörer akkommodiert; **d**) sowohl der Sprecher als auch der Hörer akkommodieren. (Quelle: Doetjes 2010, S. 123)

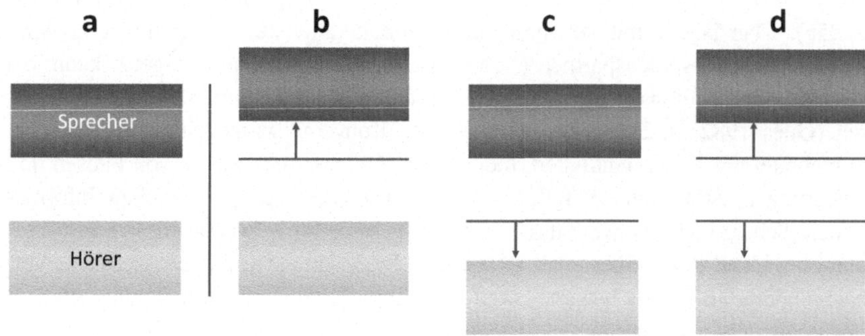

Abb. 4.2 Divergierende Akkommodation. **a**) Ausgangssituation; **b**) der Sprecher akkommodiert; **c**) der Hörer akkommodiert; **d**) sowohl der Sprecher als auch der Hörer akkommodieren. (Quelle: Doetjes 2010, S. 124)

Vor dem Hintergrund dieser Theorie bezeichnen Coupland et al. (1991) die altersgemischte Kommunikation häufig als „miscommunication". Sie ist Ausdruck einer wenig angemessenen Akkommodation an die Bedürfnisse, Erwartungen und Strategien der Gesprächspartner (Thimm 2002, S. 180 f.). Ryan et al. (1986) gehen in ihrem Modell der kommunikativen Präjudizierung davon aus, dass jüngere Sprecher die Anpassung ihres Kommunikationsverhaltens häufig auf Basis falscher Annahmen und stereotyper Erwartungen hinsichtlich altersbezogener Defizite (siehe Abschn. 4.1) vornehmen (Williams und Giles 1996; Coupland et al. 1988). Dieser Angleichungsprozess kann als Übertreibung der

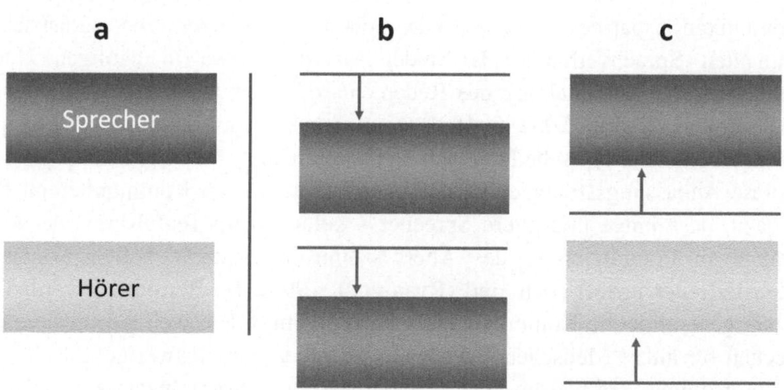

Abb. 4.3   Der Sprecher und Hörer akkommodieren in entgegengesetzten Richtungen; es ist also die Rede von asymmetrischer Akkommodation. (Quelle: Doetjes 2010, S. 124)

Konvergenzbemühungen betrachtet werden (Gasiorek und Giles 2012, S. 311). Häufig als Ergebnis positiver Absichten (Giles 2008) kommt die Über-Akkommodation zustande, wenn im Gespräch Altersstereotype aktiviert und Defizite Älterer erwartet werden. Ryan et al. (1995) verwenden den Begriff der „patronisierenden Kommunikation" für eine solche Überanpassung der Jüngeren in der Kommunikation, die auf stereotypen Erwartungen über Inkompetenzen der Älteren beruht. Patronisierende Kommunikation zeigt sich in sprachlichen Merkmalen wie zum Beispiel durch eine Anpassung des Sprechstils (einfache und wenige Wörter, Modifikation von Pronomen etc.), der Grammatik (angehängte Fragen, „tag questions", einfache Konstruktionen und Sätze, etc.) oder Orientierung des Gesprächsthemas an den vermuteten Interessen der Älteren (eingeschränkte Themenwahl, oberflächliche Inhalte, Nichtbeachtung der Themen anderer, usw.) (Filip und Mayer 1999, S. 137; Ryan und Kwong See 2003, S. 63; weitere Merkmale, auch nonverbaler Art finden sich in Ryan et al. 1995).

Daneben können seitens der Jüngeren auch Divergenzstrategien zur Anwendung kommen, indem die positiven Qualitäten der eigenen Altersgruppe gegenüber der Outgroup der Älteren durch ein entsprechendes Sprachverhalten deutlich gemacht werden. Eine besondere Form der Divergenz kann die Beibehaltung des eigenen Sprachverhaltens sein, um die Unterschiede zwischen der eigenen ingroup und der outgroup zu betonen. Sie wird auch als Unter-Akkommodation bezeichnet.

Die sprachlichen Strategien der älteren Gesprächspartner sind als unterangepasst gekennzeichnet (under accomodative) (Kemper et al. 1995; Coupland et al. 1988), da sie sich weniger auf das Kommunikationsverhalten ihrer jüngeren

Kommunikationspartner einstellen. Dies äußert sich in einem eher egoistischen, dominanten Sprachverhalten. Es findet Ausdruck etwa in häufigen Unterbrechungen, der Beibehaltung des Rederechts oder der thematischen Steuerung des Gesprächs (Thimm 2002, S. 182). Dominanz kann auf quantitativer und qualitativer Ebene über typische Dominanzindikatoren analysiert werden.

Diese Anpassungsstrategien in der intergenerationellen Kommunikation führen dazu, dass junge und ältere Sprecher – gefangen im Teufelskreis der kommunikativen Präjudizierung des Alters – mit intergenerationellen Kontakten tendenziell eher unzufrieden sind (Ryan et al. 1991). Im Extremfall werden sie die intergenerationelle Kommunikation gänzlich einstellen, weil patronisierendes Sprechen für ältere Menschen sowohl ein verringertes Selbstwertgefühl als auch Einschränkungen des psychischen Wohlbefindens zur Folge haben kann und die Dominanz älterer Menschen die negativen Altersbilder junger Menschen bestätigt.

4.3 Co-Konstruktion von Alter als soziale Kategorie

Eine zweite Forschungsrichtung[2] der Sozio-Linguistik befasst sich mit den dynamischen Aspekten wechselseitiger Anpassungen und bietet damit Anknüpfungspunkte an das in Abschn. 2.3 dargestellte ethnomethodologisch orientierte Verständnis von Kommunikation. Während die zuvor dargelegte Speech Accommodation Theory bzw. das Modell der Präjudizierung des Alters die Verantwortung für das Gelingen (oder Misslingen) intergenerationeller Kommunikation einseitig vor allem dem jüngeren Gesprächspartner zuschreibt (Filip und Mayer 1999, S. 134), betonen neuere Forschungsarbeiten zur intergenerationellen Kommunikation die wechselseitige Einflussnahme der Interaktionspartner und richten ihr

---

[2]Der Vollständigkeit halber sei angemerkt, dass es eine weitere Forschungsrichtung gibt, die isolierte Merkmale sprachlich-kommunikativen Verhaltens älterer Menschen im Vergleich zu jüngeren untersuchen. Es geht schwerpunktmäßig um die Identifizierung sprachlich-kommunikativer Altersspezifika (sog. Altersmarker), die an der Sprachfähigkeit älterer Menschen festgemacht werden. Dabei standen vor allem quantitative Merkmale im Fokus, wie etwa Sprechgeschwindigkeit und Sprechflüssigkeit, grammatische Komplexität oder propositionaler Gehalt von Äußerungen. Aus dieser Perspektive werden Defizite älterer Menschen in der Informationsverarbeitung als ursächlich für Verständigungsprobleme zwischen Jung und Alt angesehen (Kwong See und Ryan 1996; Cohen 1995). Der Ansatz dieser Arbeiten steht im Einklang zu der Tradition der Defizit- und Regressionshypothese, die in der Gerontologie seit langem kritisiert wird. Dieser Forschungsstrang ist isoliert betrachtet für die Analyse der intergenerationellen Kommunikation nicht weiter zielführend, weil er den Interaktionsaspekt von Sprache ausklammert (Thimm 2000, S. 91).

Augenmerk auf die Frage nach den linguistischen Mitteln und Strategien, mit denen die Gesprächsteilnehmer ‚Alter' als soziale Kategorie gemeinsam konstruieren (Thimm 2003; Fiehler 2008). Viele Elemente des Altseins unterliegen einer subjektiven Deutung durch die Gesprächspartner (Mayer 2001, S. 44), sodass es der Verantwortung der Interaktionspartner obliegt, (...), ob sie die Kategorie „Alter" in der Interaktion relevant setzen und ob und wie sie sich als „alt" oder als „jung" darstellen (Fiehler und Thimm 2003, S. 13; Thimm 2003, S. 75). Alter als soziale Kategorie wird deshalb nicht als feste Größe in der Interaktion betrachtet, sondern ist als Ausfluss interaktiver Konstruktionsprozesse anzusehen. Dieser Ansatz geht davon aus, dass es nicht das „objektive" Alter ist, das als Hintergrund kommunikativer Alltagsprozesse wirksam wird. Alter wird daher situationsspezifisch im Dialog konstituiert und unterliegt perspektivischen Wechseln (Kallmeyer und Keim 1994, S. 261). An der Thematisierung von Alter, an der Identifizierung und Abgrenzung im Sinne von ingroup und outgroup sowie an der Verwendung von Altersstereotypen und deren Zurückweisung oder Annahme sind immer beide Gesprächspartner beteiligt. Die Ausbildung von Identität im Sinne der sozialen Identitätstheorie erfolgt in wechselseitiger Abhängigkeit voneinander.

Es stellt sich daher die Frage, ob das Alter als Identifikations- und Kategorisierungsmerkmal angesehen wird und ob und in welcher Form es sprachlich relevant gesetzt wird (Hausendorf 1994). Die soziale Kategorie „Alter" kann im Rahmen der Intergruppenkommunikation entweder zu dem Zweck der Solidarisierung mit dem Gesprächspartner als Ingroup-Marker festgelegt oder aber als Distanzierungsobjekt bedeutsam werden (Thimm 2003, S. 88). Insoweit ist die sprachliche Verwendung der Kategorie „Alter" entscheidend für das Gelingen altersgemischter Kommunikation. Altersreferenzen als Formen, mit denen sprachlich auf Alter referiert wird, sind vor allem die Nennung des numerischen Alters oder der Generationszugehörigkeit, die zeitliche Referenz, das Aufzeigen problematischer Lebensereignisse sowie Altershöflichkeit und Alterswertschätzung (Thimm 2000, S. 130 ff.). Die personalen Altersreferenzen beziehen sich auf Personen und können sich als Selbst-, Partner- oder Fremdkategorisierung bestimmen lassen (Thimm 2003, S. 78). Bei letzteren wird die Kategorisierung Dritter vorgenommen, das heißt „(...) *es erfolgt eine sprachliche Etikettierung einer Gruppe als Outgroup, von der man sich dann positiv abgrenzen kann"* (Thimm 2003, S. 81). Im Rahmen einer Selbstkategorisierung kategorisiert sich ein Interaktant selbst als alt oder jung, bei der Partnerkategorisierung wird ein Interaktant von seinem Interaktionspartner kategorisiert (Sacks 1992, S. 41 ff.). Folgerichtig ist in der altersgemischten Teamkommunikation von Kommunikationsschwierigkeiten auszugehen, sobald die Kategorie Alter relevant gesetzt wird und Altersstereotype zur Anwendung kommen.

Fazit und zukünftige Perspektiven   5

Die bisherigen Ausführungen haben gezeigt, dass altersgemischte Teamarbeit eine spezifische Berücksichtigung kommunikativer Prozesse und Mechanismen im Team erfordert. Sowohl die Bildung von Sub-Gruppen innerhalb eines altersgemischten Teams als auch stereotype Erwartungen und Veränderungen im Kommunikationsverhalten können die intergenerationelle Kommunikation im Team belasten. So kann der Austausch von Informationen in der Gesamtgruppe eingeschränkt werden, da die Kommunikation hauptsächlich innerhalb der Subgruppen und nicht zwischen diesen stattfindet (Lau und Murnighan 2005). Aber auch sprachliche Diskriminierung, Unzufriedenheit sowie mangelnde Integration der unterschiedlichen Wissensbestände können die Folge sein und sich negativ auf den Teamerfolg sowie die Arbeitsproduktivität auswirken (Zenger und Lawrence 1989, S. 354; Börsch-Supan et al. 2007, S. 83).

Entsprechend sind zur Sicherung des Informationsaustausches und der Kommunikation untereinander in intergenerationellen Teams die Kommunikationsprozesse im Blick zu behalten, um die positiven Effekte einer Zusammenarbeit von Jung und Alt auch nutzen zu können.

Eine besondere Rolle in der altersgemischten Kommunikation spielen die sog. Altersstereotype. Sie werden kontextabhängig automatisch aktiviert durch die Kommunikation zwischen älteren und jüngeren Menschen. Allerdings kann man sich in einer bewussten Verarbeitung dafür entscheiden, die ins Gedächtnis gerufenen stereotypen Informationen zu ignorieren bzw. zu unterdrücken, sodass zwischen Aktivierung und Anwendung der Altersstereotype zu unterscheiden ist (Aronson et al. 2015, S. 13 ff.; auch Blair und Banaji 1996). Studien zeigten, dass Altersstereotype jedoch häufig zur Anwendung kommen, da sie auf relativ viele Menschen zutreffen und damit einen Aktivierungsvorteil aufweisen (Fiske und Neuberg 1990). Es ist daher für eine gelungene Kommunikation und damit eine

© Springer Fachmedien Wiesbaden GmbH, ein Teil von Springer Nature 2019   25
M. Moser und B. Führmann, *Kommunikation in altersgemischten Teams*,
essentials, https://doi.org/10.1007/978-3-658-25771-2_5

erfolgreiche Zusammenarbeit in altersgemischten Teams von großer Wichtigkeit, sich vorhandene Stereotypen bewusst zu machen. Diese können dann in einem zweiten Schritt idealerweise abgebaut werden. Weitere Sensibilisierung der Beschäftigten in Unternehmen aber auch in der Gesellschaft ist zur Verbesserung der Teamkommunikation erforderlich.

Wenngleich der altersgemischten Kommunikation im Teamkontext eine besondere Bedeutung zukommt, ist aus wissenschaftlicher Sicht ein generelles und Disziplinen übergreifendes Forschungsdefizit in Bezug auf empirisch gewonnene Erkenntnisse zur Kommunikation zwischen Alt und Jung im organisationalen Teamkontext zu unterstellen. In der aktuellen Diversitätsforschung wird Kommunikation zwar als Faktor identifiziert, der Einfluss auf die Gruppenergebnisse altersgemischter Teams haben kann (Wegge et al. 2008). Allerdings liegen bisher keine adäquaten Forschungsergebnisse dazu vor, die auf empirischer Basis diesen Zusammenhang untermauern. Dabei wird Kommunikation im deutschsprachigen Raum sowohl als moderierender Faktor mit Einfluss auf die Gruppenergebnisse altersgemischter Teams identifiziert (Wegge et al. 2008) als auch als Mediator zwischen Teamzusammensetzung und Innovationsperformance modelliert (Hoegl 1999; Gebert et al. 2006), ohne diesen näher zu betrachten. Hier wäre weitere (empirische) Forschung wünschenswert, um weitere Erkenntnisse zum Einfluss der Kommunikation auf den Teamerfolg zu gewinnen.

Anders als die Ähnlichkeits-Attraktivitätstheorie sowie die Theorie der sozialen Identität und Kategorisierung befasst sich die sozio-linguistische Forschung zwar konkret mit den Besonderheiten der Kommunikation zwischen Alt und Jung. Allerdings wurden die vorgestellten Erkenntnisse zur Kommunikation im institutionellen Patient-Arzt-Verhältnis oder familiären Kontext gewonnen und nicht im Unternehmenskontext. Eine mögliche Begründung könnte darin liegen, dass der Zugang zu Wirtschaftsunternehmen für solche Analysen schwierig ist und aufgrund ihrer Wettbewerbssituation unternehmensinterne Daten bzw. Prozesse nicht öffentlich gemacht werden dürfen. Es kann daher zurecht behauptet werden, dass Teamkommunikation mit Blick auf ihre Auswirkungen auf den Teamerfolg nur rudimentär untersucht und in empirischen Untersuchungen sträflich vernachlässigt wird. Empirische Daten darüber, wodurch außerfamiliäre Kommunikation zwischen Generationen gekennzeichnet ist und welche Merkmale dem Gelingen von Kommunikation möglicherweise entgegenstehen, bilden aber die Grundlage für Interventionen und Handlungsempfehlungen im beruflichen Umfeld, die auf eine erfolgreiche Kommunikation abzielen.

Eine verbesserte Kommunikation zwischen Jung und Alt kann dann auf der Unternehmensebene einen Beitrag zum Erhalt der Innovations- und Wettbewerbsfähigkeit leisten: Wenn die Zusammenarbeit reibungslos funktioniert, liegt hier ein erhebliches Leistungspotenzial, mit deutlich besseren Ergebnissen als in homogenen Teams, da diese nicht über eine solch große Bandbreite an Kompetenzen verfügen (u. a. Wegge et al. 2008; Eddi 2009, S. 79). Zum anderen haben altersgemischte Teams als eine Maßnahme gegen den Fachkräftemangel die gewünschte längere Beschäftigungsdauer von älteren Arbeitnehmern zur Folge (Boockmann et al. 2012). Somit ist eine gelungene Kommunikation zwischen Alt und Jung auf der Unternehmensebene von großer wirtschaftlicher Relevanz und trägt auf volkswirtschaftlicher Ebene dazu bei, die Wettbewerbsfähigkeit des Wirtschaftsstandort Deutschlands zu sichern. Weitere Forschung auf diesem Gebiet ist daher nicht nur wissenschaftlich interessant, sondern auch aus betriebs- und volkswirtschaftlicher Perspektive erstrebenswert.

Was Sie aus diesem *essential* mitnehmen können

- Altersdiversität kann sowohl positive als auch negative Auswirkungen auf den Teamerfolg haben. Um die positiven Effekte nutzen zu können, ist eine gelungene Kommunikation innerhalb des Teams unabdingbar.
- Die Teamkommunikation kann jedoch durch Altersdiversität negativ beeinflusst sein. So sind u. a. Selbstkategorisierungsprozesse möglich, die zur Spaltung der Gesamtgruppe in Untergruppen aufgrund des Alters führen und den Austausch von Informationen innerhalb der Gesamtgruppe einschränken. Aber auch stereotype Erwartungen und daraus resultierende Veränderungen im Kommunikationsverhalten wie z. B. sprachliche Diskriminierung können die Kommunikation zwischen den Teammitgliedern und die Integration der unterschiedlichen Wissensbestände nachhaltig behindern.
- Zur Sicherung des Informationsaustausches und der Kommunikation in intergenerationellen Teams sind die Kommunikationsprozesse im Blick zu behalten, um die positiven Effekte einer Zusammenarbeit von Jung und Alt nutzen zu können.
- Ein erster Ansatzpunkt zur Verbesserung der altersgemischten Kommunikation ist die umfassende Sensibilisierung von Teammitgliedern und Führungskräften für entsprechende Kategorisierungsprozesse und Altersstereotype.

© Springer Fachmedien Wiesbaden GmbH, ein Teil von Springer Nature 2019   29
M. Moser und B. Führmann, *Kommunikation in altersgemischten Teams,*
essentials, https://doi.org/10.1007/978-3-658-25771-2

Literatur

Ancona DG, Caldwell D (1992) Improving the performance of a new product team. J High technol Manage Res 50(5):37–43

Antoni CH (1994) Gruppenarbeit – mehr als ein Konzept. Darstellung und vergleich unterschiedlicher Formen der Gruppenarbeit. In: Antoni CH (Hrsg) Gruppenarbeit in Unternehmen. Konzepte, Erfahrungen, Perspektiven. Beltz, Weinheim

Aronson E, Wilson T, Akert R (2015) Vorurteile – Ursachen, Folgen und Maßnahmen dagegen. Sozialpsychologie, 8. Aufl. Pearson, München, S 473–516

Bieling G (2011) Age Inclusion. Erfolgsauswirkungen des Umgangs mit Mitarbeitern unterschiedlicher Altersgruppen in Unternehmen. Gabler, Wiesbaden

Binnewies C, Ohly S, Niessen C (2008) Age and creativity at work: the interplay between job resources, age and idea creativity. J Manag Psychol 23(4):438–457

Blair IV, Banaji M (1996) Automatic and controlled processes in stereotype priming. J Pers Soc Psychol 70:1142–1163

Böhm B (2006) Vertrauensvolle Verständigung – Basis interdisziplinärer Projektarbeit. oekom, Stuttgart

Boockmann B, Fries J, Göbel C (2012) Specific measures for older employees and late career employment, S. 12–59. In: ZEW discussion paper no.12-059, Mannheim.

Börsch-Supan A, Düzgün I, Weiss M (2007) Der Zusammenhang zwischen Alter und Arbeitsproduktivität: Eine empirische Untersuchung auf der Betriebsebene. Hans-Böckler-Stiftung, Düsseldorf

Brinker K, Sager SF (2010) Linguistische Gesprächsanalyse, 5., neu bearbeitete Aufl. Schmidt, Berlin

Brodbeck FC (2004) Analyse von Gruppenprozessen und Gruppenleistung. In: Schuler H (Hrsg) Lehrbuch Organisationspsychologie. Huber, Bern, S 415–438

Bruch H, Kunze K, Böhm S (2010) Generationen erfolgreich führen, Konzepte und Praxiserfahrungen zum Management des demographischen Wandels, 1. Aufl. Gabler, Wiesbaden

Buchner D (1995) Team-Coaching. Gemeinsam zum Erfolg. Gabler, Wiesbaden

Buck H (2002) Alternsgerechte und gesundheitsförderliche Arbeitsgestaltung – ausgewählte Handlungsempfehlungen. In: Morschhäuser M (Hrsg) Gesund bis zur Rente. Konzepte gesundheits- und altersgerechter Arbeits- und Personalpolitik. Fraunhofer IRB, Stuttgart, S 73–85

© Springer Fachmedien Wiesbaden GmbH, ein Teil von Springer Nature 2019

M. Moser und B. Führmann, *Kommunikation in altersgemischten Teams,*
essentials, https://doi.org/10.1007/978-3-658-25771-2

Byrne D (1961) Interpersonal attraction and attitude similarity. J Abnorm Soc Psychol 62(3):713–715. http://dx.doi.org/10.1037/h0044721

Byrne D (1971) The attraction paradigm. Academic Press, New York

Cannon-Bowers JA, Salas E, Converse SA (1993) Shared mental models in expert team decision making. In: Castellan NJ (Hrsg) Current issues in individual and group decision making. Erlbaum, Mahwah, S 221–246

Cohen G (1994) Age-related problems in the use of proper names in communication. In: Hummer ML, Wiemann JM, Nussbaum JF (Hrsg) Interpersonal communication in older adulthood. Sage, Thousand Oaks, S 40–58

Coupland N (2004) Age in social and sociolinguistic theory. In: Nussbaum JF, Coupland J (Hrsg) Handbook of communication and aging research. Lawrence Erlbaum Associates, Mahwah, S 69–90

Coupland N, Coupland J, Giles H, Henwood K (1988) Accommodating the elderly: invoking and extending a theory. Lang Soc 17(1):1–41

de Lange AH, Taris T, Jansen P, Smulders P, Houtmann I, Kompier MAJ (2006) Age as factor in the relation between work and mental health: results of the longitudinal TAS survey. In: Houdmont J, McIntyr S (Hrsg) Occupational health psychology: European perspectives on research, education and practice, Bd 1. ISMAI Publications, Maia Portugal, S 21–45

DGFP – Deutsche Gesellschaft für Personalforschung (Hrsg) (2016) Altersgemischte Teams managen. Bertelsmann, Bielefeld

Doetjes G (2010) Akkommodation und Sprachverstehen in der interskandinavischen Kommunikation. Dissertation. http://ediss.sub.uni-hamburg.de/volltexte/2010/4805/pdf/ Doetjes_2010_Dissertation.pdf

Drabe D (2015) Strategisches Aging Workforce Management: Eine Untersuchung der Determinanten und Implikationen von Mitarbeiterzufriedenheit bei Beschäftigten unterschiedlichen Alters. Springer Gabler, Wiesbaden

Fiehler R (1997) Kommunikation im Alter und ihre sprachwissenschaftliche Analyse. Gibt es einen Sprachstil des Alters? In: Selting M, Sandig B (Hrsg) Sprech- und Gesprächsstile. deGruyter, Berlin, S 345–370

Fiehler R (2002) Verständigungsprobleme und gestörte Kommunikation. Einführung in die Thematik. In: Fiehler R (Hrsg) Verständigungsprobleme und gestörte Kommunikation. VS Verlag, Wiesbaden, S 7–15

Fiehler R (2008) Altern, Kommunikation und Identitätsarbeit. Institut für Deutsche Sprache, Mannheim

Fiehler R, Thimm C (2003) Das Alter als Gegenstand linguistischer Forschung – eine Einführung in die Thematik. In: Fiehler R, Thimm C (Hrsg) Sprache und Kommunikation im Alter, 2. Aufl. Verlag für Gesprächsforschung, Radolfzell, S 7–16

Filipp S, Mayer A-K (1999) Bilder des Alters: Altersstereotype und die Beziehungen zwischen den Generationen. Kohlhammer, Stuttgart

Fiske S, Neuberg S (1990) A continuum of impression formation, from category-based to individuating processes: influences of information and motivation on attention and interpretation. Adv Exp Soc Psychol 23:1–74. https://doi.org/10.1016/ S0065-2601(08)60317-2

Forster J (1981) Teamarbeit. Sachliche, personelle und strukturelle Aspekte einer Kooperationsform. In: Grunwald W, Lilge H-G (Hrsg) Kooperation und Konkurrenz in Unternehmen. Haupt, Bern, S 143–168

Gallois C, Ogay T, Giles H (2005) Communication accommodation theory. A look back and a look ahead. In: Gudykunst WB (Hrsg) Theorizing about intercultural communication. Sage Publications, Thousand Oaks, S 121–148

Gasiorek J, Giles H (2012) Effects of inferred motive on evaluations of nonaccomodative communication. Human Communication Research 38:309–332

Gassmann O, Sutter P (2008) Praxiswissen Innovationsmanagement. Hanser Fachbuch, München

Gebert D, Boerner S, Kearney E (2006) Cross-functionality and innovation in new product development teams: A dilemmatic structure and its consequences for the management of diversity. Eur J Work Organ Psychol 15(4):431–458

Giles H (1982) Interpersonale Akkomodation in der vokalen Kommunikation. In: Scherer KR (Hrsg) Vokale Kommunikation: Non-verbale Aspekte des Sprachverhaltens. Beltz, Weinheim, S 253–277

Giles H, Coupland N (1991) Accommodating language. In: Giles H, Coupland N (Hrsg) Language: contexts and consequences. Open University Press, Great Britain, S 60–93

Giles H, Coupland N, Coupland J (1991) Accommodation theory: communication, context, and consequence. In: Giles H, Coupland N, Coupland J (Hrsg) Contexts of accommodation: developments in applied sociolinguistics. Cambridge University Press, Cambridge, S 1–68

Giles H, Ogay T (2007) Communication accommodation theory. In: Whaley BB, Samter W (Hrsg) Explaining communication: contemporary theories and exemplars. Lawrence Erlbaum, Mahwah, S 293–310

Giles H, Powesland PF (1975) Speech styles and social evaluation. Academic Press, London

Grossmann I, Karasawa M, Izumi S, Na J, Varnum MEW, Kitayama S, Nisbett RE (2012) Aging and wisdom: culture matters. Psychol Sci 23:1059–1066

Gudykunst WB (1995) Anxiety/uncertainty management (AUM) theory: current status. In: Wiseman RL (Hrsg) Intercultural communication theory. Sage, Thousand Oaks, S 8–58

Hackert B (1999) Kooperation in Arbeitsgruppe. Schmidt, Berlin

Hamilton DL, Sherman SJ (1994) Stereotypes. In: Wyer RS, Srull TK (Hrsg) Handbook of social cognition, 2. Aufl. Erlbaum, Hillsdale, S 1–68

Harrison D, Klein K (2007) What's the difference? Diversity constructs as separation, variety, or disparity in organizations. Acad Manag Rev 32(4). https://doi.org/10.5465/amr.2007.26586096

Haug C (2009) Erfolgreich im Team, 4. Aufl. Deutscher Taschenbuchverlag, München

Hausendorf H (1994) Das Eigene und das Fremde. Soziale Kategorisierungen unter Anwesenden. Zentrum für interdisziplinäre Forschung, Jahresbericht 92/93. Universität Bielefeld, S 55–89.

Henttonen K (2010) Exploring social networks on the team level – a review of the empirical literature article. Journal of Engineering and Technology Management 27(1):74–109. https://doi.org/10.1016/j.jengtecman.2010.03.005

Hinsz VB, Tindale RS, Vollrath DA (1997) The emerging conceptualization of groups as information processors. Psychol Bull 121:43–64

Hofinger G (2008) Kommunikation. In: Badke-Schaub P, Hofinger G, Lauche K (Hrsg) Human Factors, Psychologie sicheren Handelns in Risikobranchen. Springer, Heidelberg, S 132–151

Hofinger G (2009) Kritische Faktoren der inter-organisationalen Zusammenarbeit. In: Strohschneider S, Heimann R (Hrsg) Kultur und sicheres Handeln. Im Auftrag der Plattform „Menschen in komplexen Arbeitswelten". Verlag für Polizeiwissenschaften, Frankfurt a. M., S 189–204

Högl M, Gemünden HG (2005) Determinanten und Wirkungen der Teamarbeit in innovativen Projekten. In: Gemünden HG, Högl M (Hrsg) Management von Teams. Theoretische Konzepte und empirische Befunde, 3. Aufl. Gabler, Wiesbaden, S 33–66

Högl M, Gemünden HG (2001) Teamwork quality and the success of innovative projects: a theoretical concept and empirical evidence. Organ Sci 12(4):439–445

Hummert ML, Sachweh S (2005) Sprache und Kommunikation. In: Filipp SH, Staudinger UM (Hrsg) Entwicklungspsychologie des mittleren und höheren Erwachsenenalters. Enzyklopädie der Psychologie; Themenbereich C/ Entwicklungspsychologie. Hogrefe, Göttingen, S 417–454

Hüttermann H (2013) Alters-Diversität, Konflikte und Innovation in Teams: Der Einfluss transformationaler Führung: Eine empirische Analyse. Dissertation der Universität Konstanz. http://nbn-resolving.de/urn:nbn:de:bsz:352-255061. Zugegriffen: 5. Mai 2018

Ilgen DR, Hollenbeck JR, Johnson M, Jundt D (2005) Teams in organizations: from input-process-output models to IMOI models. Ann Rev Psychol 56:517–543. https://doi.org/10.1146/annurev.psych.56.091103.070250

Initiative neue Qualität der Arbeit (2015) Orientierungshilfe alternsgerechte Arbeitsgestaltung. Grundlagen vermitteln. http://www.pina-projekt.de/sites/drupal620.pina-projekt.de/files/page/PINA_Orientierungshilfe_Arbeitsgestaltung_0.pdf. Zugegriffen: 11. Dez. 2018

Jans M (2004) Diversität als Ressource? Ergebnisse und Erkenntnisse der Organisationsdemografieforschung. In: Martin A (Hrsg) Personal als Ressource. Hampp, München, S 53–78

Jans M (2006) Empirische Effekte organisationsdemografischer Diversität in Organisationen – Ergebnisse und Erkenntnisse einer Metaanalyse. Essener Beiträge zur Personalforschung 3:9–43. https://nbn-resolving.org/urn:nbn:de:0168-ssoar-206616

Jones L, Woodhouse D, Rowe J (2007) Effective nurse parent communication: a study of parents' perceptions in the NICU environment. Patient Educ Couns 69(4):206–212. https://doi.org/10.1016/j.pec.2007.08.01

Joshi A, Roh H (2009) The role of context in work team diversity research: a metaanalytic review. Acad Manag J 52:599–627

Kallmeyer W, Keim I (1994) Formelhaftes Sprechen in der Filsbachwelt. In: Kallmeyer W, Keim I (Hrsg) Kommunikation in der Stadt. Teil 1: Exemplarische Analysen des Sprachverhaltens in Mannheim (Schriften des Instituts für Deutsche Sprache 4.1). Walter de Gruyter, Berlin, S 250–317

Katz R, Thomas JA (1982) Investigating the not invented here (NIH) syndrome: a look at the performance, tenure, and communication patterns of 50 R&D project groups. R&D Manag 12(1):7–19

Katzenbach JR, Smith DK (1993) Teams. Der Schlüssel zur Hochleistungsorganisation. Ueberreuter, Wien

Kauffeld S (2001) Teamdiagnose. Hogrefe, Göttingen

Keller RT (2001) Cross-functional project groups in research and new product development: diversity, communications, job stress, and outcomes. Acad Manag J 44(3):547–555

Kemper S, Vandeputte D, Rice K, Cheung H, Gubarchuk J (1995) Speech adjustments to aging during a referential communication task. J Lang Soc Psychol 14(1–2):40–59

Kooij D, de Lange A, Jansen P, Dikkers J (2008) Older workers'motivation to continue to work: five meanings of age: a conceptual review. J Manag Psychol 23:364–394

Kooij TAM, de Lange AH, Jansen PGW, Kanfer R, Dikkers JSE (2011) Age and work-related motives: results of a meta-analysis. J Organ Behav 32:197–225

Kreidler A, Tilebein M (2011) Kreativität von F&E-Teams im Spannungsfeld von Diversität und Kommunikation. In: Spath D (Hrsg) Wissensarbeit – Zwischen strengen Prozessen und kreativem Spielraum. Gito, Berlin, S 393–415

Kritz WC, Nöbauer B (2008) Teamkompetenz: Konzepte, Trainingsmethoden, Praxis: mit einer Materialsammlung zu Teamübungen, Planspielen und Reflexionstechniken; mit 7 Tabellen, 4., überarbeitete u. erweiterte Aufl. Vandenhoeck & Ruprecht, Göttingen

Krüger W (2008) Teams führen, 4., überarbeitete Aufl. Haufe, München

Kruse L, Thimm C (1997) Das Gespräch zwischen den Generationen. In: Krappmann L, Lepenies A (Hrsg) Alt und Jung: Spannung und Solidarität zwischen den Generationen. Campus, Frankfurt a. M., S 112–136

Kunze F (2018) Altersdiversität in Teams und Unternehmen – Fluch oder Segen? PERSONALquarterly 4(2018):9–13

Kwong See ST, Ryan EB (1996) Cognitive mediation of discourse processing in later life. J Speech-Lang Pathol Audiol 20(2):109–117

Lau D, Murnighan JK (2005) Interactions – within groups and subgroups: The effects of demographic faultlines. Acad Manag J 48:645–659

Lawson B, Petersen KJ, Cousins PD, Handfield RB (2009) Knowledge sharing in interorganizational product development teams: the effect of formal and informal socialization mechanisms. Prod Innov Manage 26(2):156-172. https://doi.org/10.1111/j.1540-5885.2009.00343.x

Lazear EP (1998) Globalization and the market for teammates. NBER working paper No. 6579. 10.3386/w6579.

Lazear EP (1999) Globalisation and the market for team-mates. Econ J 109(454):5–40

Leber U, Stegmaier J, Tisch A (2013) Altersspezifische Personalpolitik: Wie Betriebe auf die Alterung ihrer Belegschaften reagieren. IAB-Kurzbericht, Nr. 13/2013. Institut für Arbeitsmarkt- und Berufsforschung (IAB), Nürnberg.

Levin WC (1988) Age stereotyping. College student evaluations. Research on Aging 10(1):134–148

Loden M, Rosener J (1991) Workforce America, managing employee diversity as vital resource. McGraw-Hill Education, New York

Mayer A-K (2001) Alt und Jung im Dialog. Intergenerationelle Kommunikation außerhalb und innerhalb von Familienbeziehungen. Dissertation. http://ub-dok.uni-trier.de/diss/diss11/20010724/20010724.pdf

Mayer A-K (2009) Altersbilder und die Darstellung älterer Menschen in den Medien. Vermittelte Altersbilder und individuelle Altersstereotype. In: Schrob B, Hartung A, Reißmann W (Hrsg) Theorie – Forschung – Praxis, 1. Aufl. VS Verlag für Sozialwissenschaften, Wiesbaden, S 114–129

McMahon AM (2010) Does workplace diversity matter? A survey of empirical studies on diversity and firm performance, 2000–09. J Divers Manag 5(2):37–48

Maier S (1998) Der Einfluss von Altersstereotypen auf sprachliche Instruktionen. In: Fiehler R, Thimm C (Hrsg) Sprache und Kommunikation im Alter. Verlag für Gesprächsforschung, Radolfzell, S 195–213

March JG (1991) Exploration and exploitation in organizational learning. Organ Sci 2(1):71–87. https://doi.org/10.1287/orsc.2.1.71

March JG, Simon HA (1958) Organizations. Wiley, New York

Mathieu JE, Tannenbaum SI, Donsbach JS, Alliger GM (2014) A review and integration of team composition models: Moving toward a dynamic and temporal framework. J Manag 40:130–160

Menz F (o. J.) Verständigungsprobleme in Wirtschaftsunternehmen. Zum Einfluss von unter-schiedlichen Konzeptualisierungen auf die betriebsinterne Kommunikation. In Fiehler R. (Hrsg) Verständigungsprobleme und gestörte Kommunikation. Verlag für Gesprächsforschung, Opladen, S 134–154

Morf CC, Koole SL (2014) Das Selbst. In: Jonas K, Stroebe W, Hewstone M (Hrsg) Sozialpsychologie, 6., vollständig überarbeitete Aufl. Springer, Heidelberg

Mühlbradt T, Schat H-D (2009) Demografie und Innovation. In: Dehmel A (Hrsg) Bildungsperspektiven in alternden Gesellschaften. Lang, Frankfurt a. M., S 127–154

Mummendey A (1985) Verhalten zwischen sozialen Gruppen: Die Theorie der sozialen Iden-tität. In: Frey D, Irle M (Hrsg) Gruppen- und Lerntheorien, vol 2. Hogrefe, Bern, Stuttgart, S 185–216

Nerdinger FW (2003) Grundlagen des Verhaltens in Organisationen. Kohlhammer, Stuttgart

Nienhüser W (2002) Alternde Belegschaften — betriebliche Ressource oder Belastung? In: Behrend C (Hrsg) Chancen für die Erwerbsarbeit im Alter. VS Verlag, Wiesbaden

Pack J, Buck H, Kistler E, Mendius H-G, Morschhäuser M, Wolff H (2000) Zukunftsreport demographischer Wandel. Innovationsfähigkeit in einer alternden Gesellschaft. Bundesministerium für Bildung und Forschung, Bonn

Pelled L (1996) Demographic diversity conflict and work group outcomes. An intervening process theory. Organ Sci 7(6):615–631

Plaßmann B (2012) Organisationale und demografische Verwerfungen in PPP-Forschergruppen. Eine Fuzzy-Set Analyse. Hampp, München

Posthuma RA, Campion MA (2009) Age stereotypes in the workplace: common stereotypes, moderators, and future research directions. J Manag 35(1):158–188

Ries BC, Diestel S, Wegge J, Schmidt K-H (2010a) Die Rolle von Alterssalienz und Konflikten in Teams als Mediatoren der Beziehung zwischen Altersheterogenität und Gruppeneffektivität. Zeitschrift für Arbeits- u. Organisationspsychologie 54(N. F. 28):117–130.

Ries BC, Diestel S, Wegge J, Schmidt K-H (2010) Altersheterogenität und Gruppeneffektivität: Die moderierende Rolle des Teamklimas. Z Arbeitswissenschaft 64:137–146

Roth C, Wegge K, Schmidt K-H (2007) Konsequenzen des demographischen Wandels für das Management von Humanressourcen. Z Personalpsychologie 6(3):99–116

Ryan E, Giles H, Bartolucci G, Henwood K (1986) Psycholinguistic and social psychological components of communication by and with the elderly. Lang Commun 6:1–24

Ryan EB, Bourhis RY, Knops U (1991) Evaluative perceptions of patronizing speech addressed to elders. Psychol Aging 6:442–450

Ryan EB, Hummert ML, Boich LH (1995) Communication predicaments of aging: patronizing behavior toward older adults. J Lang Soc Psychol 14:144–166

Ryan EB, Kwong See ST (2003) Sprache, Kommunikation und Altern. In: Fiehler R, Thimm C (Hrsg) Sprache und Kommunikation im Alter. Verlag für Gesprächsforschung, Radolfzell, S 57–71

Sachweh S (1999) „Schätzle hinsitze!" Kommunikation in der Altenpflege. Lang, Frankfurt a. M.

Sachweh S (2003) „so frau adams guck mal ein feines bac spray gut?" Charakteristische Merkmale der Kommunikation zwischen Pflegepersonal und BewohnerInnen in der Altenpflege. In: Fiehler R, Thimm C (Hrsg) Sprache und Kommunikation im Alter, 2. Aufl. Verlag für Gesprächsforschung, Radolfzell, S 143–160

Sackmann S A, Bissels S, Bissels T (2001) Kulturelle Vielfalt in Organisationen. Ein blinder Fleck muss sehen lernen. Soziale Welt 52:403–426

Sacks H (1992) Lectures on conversation. Blackwell, Oxford

Salmi P, Torkkeli M (2009) Success factors of interorganisational knowledge transfer: a case of a collaborative public? private R&D project. Int J Bus Innov Res 3(2):109–125

Schäffner L, Heyse V (2005) Teamperformance. KODE®-Teamanalyse und -entwicklung. Teamtrainingskonzept. ACT, Hannover

Schalk R et al (2010) Moving European Research on work and ageing forward: overview and agenda. Eur J Work Organ Psychol 19:76–101

Schröer H (2007) Miteinander sprechen – Dialog zwischen Generationen und Kulturen. Input für das Werkstattgespräch „Generationenübergreifende Projekte" für das Ministerium für Generationen, Familie, Frauen und Integration, Düsseldorf 26. April 2007. http://www.i-iqm.de/dokus/miteinander_sprechen.pdf. Zugegriffen: 20. Juli 2017

Sczesny C, Rohwedder A, Ingenfeld M, Schmidt S (2006) Altersgerechte Arbeitszeitgestaltung. Maßnahmen, Erfahrungen und Handlungserfordernisse zur Bewältigung des demografischen Wandels. Dortmund Verlag der sozailen Innovation GmbH. www.orto. de/eshop30/projects/sinnovation/media/az_broschuere_end.pdf

Shannon CE, Weaver W (1949) The mathematical theory of communication. University of Illinois Press, Urbana Champaign

Stamov-Roßnagel C, Hertel G (2010) Older worker's motivation: against the myth of general decline. Manag Decis 48(6):894–906

Staudinger UM, Baltes PB (1996) Interactive minds: a facilitative setting for wisdom-related performance. J Pers Soc Psychol 71:746–762

Stettes O (2009) Altersbilder in deutschen Industrieunternehmen und Personalpolitik für ältere Beschäftigte. In: Institut der deutschen Wirtschaft Köln (Hrsg), IW-Trends Nr. 4 vom 10. November 2009. Köln: Institut der deutschen Wirtschaft.

Tajfel H (1982) Social Psychology of Intergroup Relations. Annu Rev Psychol 33:1–39. https://doi.org/10.1146/annurev.ps.33.020182.000245. Zugegriffen: 25. Juli 2018

Tajfel H (1981) Human groups and social categories – studies in social psychology. Cambridge University Press, Cambridge

Tajfel H, Turner JC (1986) The social identity of intergroup behavior. In: Worchel S, Austin WG (Hrsg) Psychology and intergroup relations, 2. Aufl. Nelson-Hall, Chicago, S 7–24

Thimm C (2000) Alter – Sprache – Geschlecht: sprach- und kommunikationswissenschaftliche Perspektiven auf das höhere Lebensalter. Habilitationsschrift. Campus, Frankfurt a. M.

Thimm C (2002) Alter als Kommunikationsproblem? Eine exemplarische Analyse von Gesprächsstrategien in intergenerationeller Kommunikation. In: Fiehler R (Hrsg) Verständigungsprobleme und gestörte Kommunikation. Verlag für Gesprächsforschung, Radolfzell, S 177–197

Thimm C (2003) Kommunikative Konstruktion der sozialen Kategorie „Alter" im Gespräch. In: Fiehler R, Thimm C (Hrsg) Sprache und Kommunikation im Alter, 2. Aufl. Verlag für Gesprächsforschung, Radolfzell, S 72–92

Thimm C, Cordes C, Hub I, Jakob R, Kruse L (1996) Intragruppen- und Intergruppenkommunikation: Akkommodationsstrategien zwischen Alt und Jung, Bericht Nr. 102, Arbeiten aus dem Sonderforschungsbereich 245, Sprechen und Sprachverstehen im sozialen Kontext. Universität Heidelberg und Mannheim, Heidelberg

Thompson L (2017) Making the team. A guide for managers, 2. Aufl. Pearson, Upper Saddle River

Tilebein M, Stolarksi V (2008) Diversität in Forschungs- und Entwicklungsteams. In: Mayer T, Gleich R, Wald A, Wagner R (Hrsg) Advanced Project Management. Herausforderungen – Praxiserfahrungen – Perspektiven. LIT, Münster, S 53–70

Turner JC, Hogg MA (1987) Intergroup behaviour, self-stereotyping and the salience of social categories. Br J Psychol 26(4):325–340. https://doi.org/10.1111/j.2044-8309.1987.tb00795.x

Unger B (2010) Heterogenität und Performance von Forschernachwuchsgruppen: Eine Untersuchung am Beispiel von DFG-geförderten Graduiertenkollegs. Dissertation. Hampp, Mering

van Dick R, West MA (2013) Teamwork, Teamdiagnose, Teamentwicklung, 2., überarbeitete u. erweiterte Aufl. Hogrefe, Göttingen

van Knippenberg D, Schippers MC (2007) Work group diversity. Annual Review of Psychology 58:515–541

Vedder G (2003) Vielfältige Personalstrukturen und Diversity Management. In: Wächter H, Vedder G, Führing M (Hrsg) Personelle Vielfalt in Organisationen. Hampp, München, S 13–27

Vopel, K. (1994): Themenzentriertes Teamtraining, Teil 4: Aufgaben und Projekte. Wie kann das Team seine Arbeit wirkungsvoll organisieren? Salzhausen: iskopress.

Wahren H-KE (1994) Gruppen- und Teamarbeit in Unternehmen. de Gruyter, Berlin

Waskowsky S (2012) Altersgemischte Teams – Untersuchung von Einflussfaktoren auf den Teamerfolg. Logos, Berlin

Watzlawick P, Beavin JH, Jackson DD (2000) Menschliche Kommunikation. Formen, Störungen, Paradoxien, 10., unveränderte Aufl. Huber, Bern

Webber SS, Donahue LM (2001) Impact of highly and less job-related diversity on workgroup cohesion and performance: a meta-analysis. Br J Manag 27(2):141–162

Wegge J (2004) Führung von Arbeitsgruppen. Hogrefe, Göttingen

Wegge J (2014) Gruppenarbeit und Management von Teams. In: Schuler H, Kanning UP (Hrsg) Lehrbuch der Personalpsychologie, 3. Aufl. Hogrefe, Göttingen, S 933–983

Wegge J, Roth C, Schmidt K-H (2008) Eine aktuelle Bilanz der Vor- und Nachteile altersgemischter Teamarbeit. Z Wirtschaftspsychologie 2008(3):30–43

Wegge J, Jungmann F, Schmidt K-H, Liebermann S (2010) Das Miteinander der Generationen am Arbeitsplatz. iga.Report 21.

Wegge J, Schmidt KH (2015) Diversity Management. Generationenübergreifende. Zusammenarbeit fördern. Hogrefe, Göttingen

Weichel J (2012) Ressourcen und Belastungen in der Berufsbiografie: eine Studie zum Zusammenhang zwischen berufsbiografischen Arbeitsbedingungen, Gesundheit und Leistungsfähigkeit. Dissertation. http://www.uni-kassel.de/upress/online/frei/978-3-86219-132-1.volltext.frei.pdf

Wiersema MF, Bantel KA (1992) Top Management Team Demography and Corporate Strategic Change. Academy of Management Journal 35(1):91–121

Wiersema M, Bird A (1993) Organizational demography in japanese firms: Group heterogeneity, individual dissimilarity, and top management team turnover. Acad Manag J 36:996–1025

Williams A, Giles H (1996) Intergenerational conversations: Young adults' retrospective accounts. Hum Commun Res 23:220–250

Williams KY, O'Reilly CA (1998) Demography and diversity in organizations. Res Organ Behav 20:77–140

Wittmann W (1959) Unternehmung und unvollkommene Information: Unternehmerische Voraussicht, Ungewißheit und Planung. Westdeutscher Verlag, Köln

Woratschek H (2012) Altersdiskriminierung im Dienstleistungssektor. In: Berner F, Rossow J, Schwitzer K-P (Hrsg) Altersbilder in der Wirtschaft, im Gesundheitswesen und in der pflegerischen Versorgung. Expertisen zum sechsten Altersbericht der Bundesregierung, vol 2, 1. Aufl. VS Verlag, Wiesbaden, S 83–156

Wunderer R (2003) Führung und Zusammenarbeit, 5. Aufl. Luchterhand, München

Zenger T, Lawrence B (1989) Organizational demography: The differential effects of age and tenure distributions on technical communications. Acad Manag J 32:353–376

Zerfaß A (2009) Kommunikation als konstitutives Element im Innovationsmanagement. Soziologische und kommunikationswissenschaftliche Grundlagen der Open Innovation. In: Zerfaß A, Möslein KM (Hrsg) Kommunikation als Erfolgsfaktor im Innovationsmanagement – Strategien im Zeitalter der Open Innovation. Gabler, Wiesbaden, S 23–55